KB004418

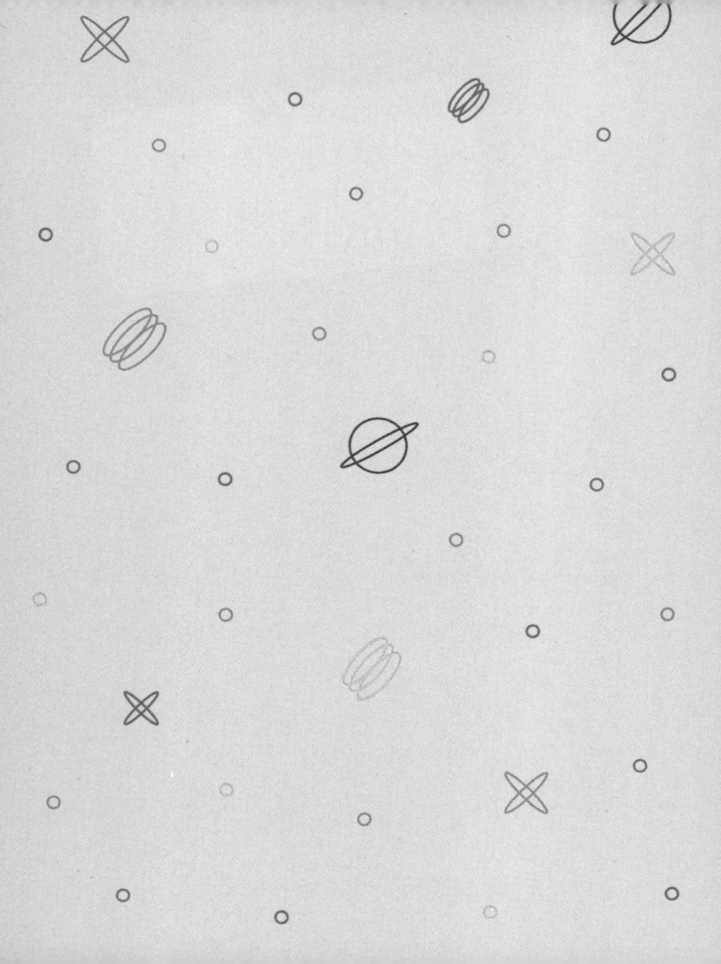

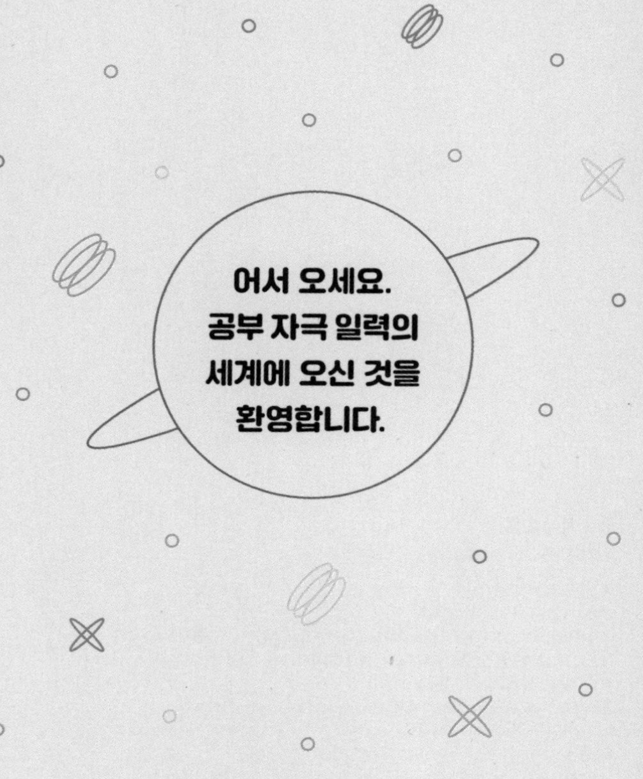
어서 오세요.
공부 자극 일력의
세계에 오신 것을
환영합니다.

공부 자극 일력

초판 1쇄 발행 2023년 12월 8일

펴낸이 고영은 박미숙
편집이사 인영아 | 책임편집 김현정
디자인 이기희 이민정 | 외부 디자인 박은영 | 마케팅 오상욱 김정빈 | 경영지원 김은주
펴낸곳 뜨인돌출판(주) | 출판등록 1994.10.11.(제406-251002011000185호)
주소 10881 경기도 파주시 회동길 337-9
홈페이지 www.ddstone.com | 블로그 blog.naver.com/ddstone1994
페이스북 www.facebook.com/ddstone1994 | 인스타그램 @ddstone_books
대표전화 02-337-5252 | 팩스 031-947-5868

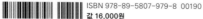

ISBN 978-89-5807-979-8 00190
값 16,000원

사용 설명서

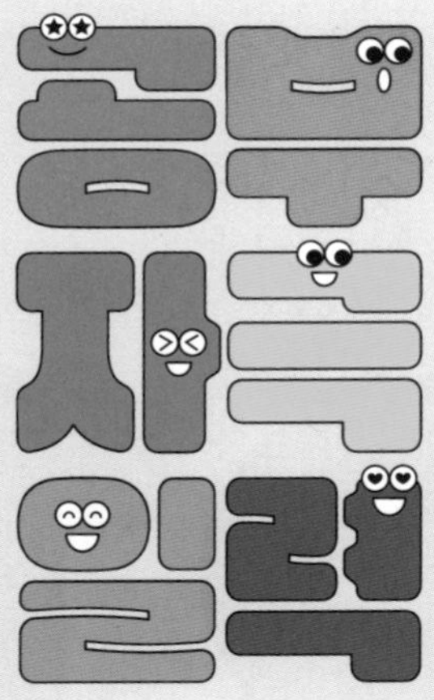

명언을 매일매일 소리 내어 읽어 보세요.
어떤 잔소리에도 반응하지 않던 마음이 조금씩
말랑말랑해지고, 무기력했던 일상이 활력으로
가득 차 가장 나다운 삶을 살게 될 거예요.

세네카 Seneca

살아야 할 이유가 있는 사람은 어떤 어려움도 견뎌 낼 수 있습니다.

He who has a why to live can bear almost any how.

December

✦ 누가 읽어야 할까요?

입시 공부, 취업 준비를 하며 동기 부여가 필요한 분들

★ 언제 읽어야 할까요?

공부가 하기 싫고 왜 공부해야 하는지 이유를 모를 때
마음이 우울하고 무기력할 때
자꾸 미루고 같은 실수를 반복하는 자신이 싫을 때

♥ 왜 읽어야 할까요?

하루를 기분 좋게 시작하기 위해
내 안에 있는 가능성을 일깨우기 위해
내가 원하는 삶을 살기 위해

어떻게 읽어야 할까요?

아침에 일어나서 일력 한 장을 넘긴다.
오늘의 명언을 '소리 내어' 읽는다.
포스트잇에 필사해서 책상 앞에 붙여 놓는다.
영어 문장까지 외우면 영어 공부까지 OK!

단테 알리기에리 Dante Alighieri

하루 중 가장 어두운 시간은 60분에 불과합니다.

The darkest hour has only sixty minutes.

December

January
시작하자

서울대 의대 합격생

**독서실에서 마지막까지 남아 공부를 한다.
웃기는 일이었다. 내가 제일 공부를 잘하는데
내가 제일 열심히 한다.**

I stayed in the reading room until the last minute to study.
It was funny. I'm the best student,
but I work the hardest.

December

마더 테레사 Mother Teresa

어제는 지나갔고, 내일은 아직 오지 않았습니다. 우리에게는 오늘만 있습니다. 자, 시작해 봅시다.

Yesterday is gone. Tomorrow has not yet come.
We have only today. Let us begin.

January

티베트 속담 Tibetan Proverb

걱정을 해서 걱정이 없어지면 걱정이 없겠네.

Worrying about worrying won't make the worry go away.

December

칼릴 지브란 Khalil Gibran

행진하세요. 지체하지 마세요. 앞으로 나아간다는 것은 완전함을 향해 나아가는 것입니다. 가시나 날카로운 돌을 만나도 두려워하지 말고 계속 전진하세요.

March on. Do not tarry.
To go forward is to move toward perfection.
March on, and fear not the thorns,
or the sharp stones on life's path.

January

베이브 루스 Babe Ruth

포기하지 않는 사람을 이기는 것은 너무나도 어렵습니다.

It's hard to beat a person who never gives up.

나폴레옹 힐 Napoleon Hill

목표는 마감일이 있는 꿈입니다.

A goal is a dream with a deadline.

January

윌리엄 제닝스 브라이언 William Jennings Bryan

자신감을 키우는 방법은 두려운 일을 해 보고 성공적인 경험의 기록을 남기는 것입니다.

The way to develop self-confidence is to do the thing you fear and get a record of successful experiences behind you.

December

줄리 앤드류스 Julie Andrews

끈기는 19번 실패하고 20번째 성공하는 것입니다.

Perseverance is failing 19 times
and succeeding the 20th.

January

뷔퐁 Georges Louis Leclerc de Buffon

천재성은 인내심을 발휘할 수 있는 능력일 뿐입니다.

Genius is nothing but a great capacity for patience.

December

데니스 웨이틀리 Denis Waitley

인생은 본질적으로 위험합니다.
어떤 대가를 치르더라도 피해야 할 큰 위험은
단 하나, 바로 아무것도 하지 않는 것입니다.

Life is inherently risky.
There is only one big risk you should avoid at all costs,
and that is the risk of doing nothing.

January

노먼 빈센트 필 Norman Vincent Peale

**자신을 믿으세요! 자신의 능력을 믿으세요!
자신의 능력에 대한 겸손하지만 합리적인 자신감이 없다면
성공하거나 행복할 수 없습니다.**

Believe in yourself! Have faith in your abilities!
Without a humble but reasonable confidence
in your own powers you cannot be successful or happy.

December

아서 애시 Arthur Ashe

지금 있는 곳에서 시작하세요. 가지고 있는 것을 활용하세요. 할 수 있는 일을 하세요.

Start where you are.
Use what you have. Do what you can.

January

미국 속담 American Proverb

말만 많고 실천하지 않는 사람은 잡초만 무성한 정원과 같아요.

A man of words and not of needs is like a garden full of weeds.

December

린든 존슨 Lyndon Johnson

어제는 우리의 소유가 아니며 되돌릴 수 없지만,
내일은 이기거나 질 수 있는 우리의 소유입니다.

Yesterday is not ours to recover,
but tomorrow is ours to win or lose.

조이스 마이어 Joyce Meyer

인내는 기다리는 능력이 아니라 기다리는 동안 긍정적인 태도를 유지하는 능력입니다.

Patience is not the ability to wait,
but the ability to keep a good attitude while waiting.

December

마틴 루터 킹 주니어 Martin Luther King Jr.

믿음으로 첫 걸음을 내디디세요. 계단 전체를 보지 말고, 일단 첫 걸음만 내디디세요.

Take the first step in faith. You don't have to see the whole staircase, just take the first step.

January

J. R. R. 톨킨 J. R. R. Tolkien

하나의 꿈이 천 개의 현실보다 더 강력합니다.

A single dream is more powerful than a thousand realities.

December

월트 디즈니 Walt Disney

'시작'하는 방법이요?
그만 말하고 '뭐라도' 하는 것입니다.

The way to get started is to quit talking and begin doing.

January

돈 워드 Don Ward

무언가를 의심하려면 자신의 한계를 의심하세요.

If you are going to doubt something, doubt your limits.

존 F. 케네디 John F. Kennedy

크게 실패할 용기가 있는 자만이 큰일을 할 수 있습니다.

Only those who dare to fail greatly can ever achieve greatly.

January

작자 미상 Unknown

계속 빛나세요, 아름다운 사람.
세상에는 당신의 빛이 필요해요.

Keep shining, beautiful one.
The world needs your light.

December

스티브 데이비스 Steve Davis

넘어진 것은 당신의 잘못이 아닙니다.
그러나 다시 일어나지 않는 것은 당신의 잘못입니다.

It's not your fault you fell,
but it's your fault you didn't get up.

마리안 윌리엄슨 Marianne Williamson

우리가 스스로에게 귀를 기울이지 않으면 아무도 우리의 말을 듣지 않을 거예요.

No one will listen to us until we listen to ourselves.

December

윈스턴 처칠 Winston Churchill

성공은 최종적인 것이 아니며,
실패는 치명적인 것이 아닙니다.
중요한 것은 계속할 수 있는 용기입니다.

Success is not final, failure is not fatal.
It is the courage to continue that counts.

존 업다이크 John Updike

꿈은 이루어집니다. 이루어질 가능성이 없었다면 애초에 세상이 우리를 꿈꾸게 하지도 않았을 거예요.

Dreams come true. Without that possibility, nature would not incite us to have them.

December

스톰 제임슨 Storm Jameson

**행복은 깊이 느끼고, 단순하게 즐기고,
자유롭게 생각하고, 삶에 도전하고,
남에게 필요한 사람이 되는 능력에서 나옵니다.**

Happiness comes of the capacity to feel deeply,
to enjoy simply, to think freely, to risk life, to be needed.

January

요한 볼프강 폰 괴테 Johann Wolfgang von Goethe

자신을 믿으면 어떻게 살아야 할지 알게 됩니다.

As soon as you trust yourself, you will know how to live.

December

찰스 스윈돌 Charles Swindoll

인생은 우리에게 일어나는 일이 10%이고 나머지 90%는 우리가 어떻게 반응하는지에 달려 있습니다.

Life is 10% what happens to us and 90% how we react to it.

January

장 폴 Jean Paul

생각하는 것은 쉽고 행동하는 것은 어렵습니다.
그리고 생각한 대로 행동하는 것이 가장 어렵습니다.

To think is easy. To act is difficult.
To act as one thinks is the most difficult.

December

랄프 왈도 에머슨 Ralph Waldo Emerson

위대한 사람은 기회가 없다고 불평하지 않습니다.

No great man ever complains of want of opportunity.

앨런 와츠 Alan Watts

변화를 이해하는 유일한 방법은 변화 속으로 뛰어들어 함께 움직이고 그 춤에 동참하는 것입니다.

The only way to make sense out of change is to plunge into it, move with it, and join the dance.

December

작자 미상 Unknown

숙제하듯 살지 말고 축제하듯 사세요.

Don't live like a homework assignment,
live like a celebration.

January

토니 로빈스 Tony Robbins

우주에서 가장 강력한 존재는 자신의 정체성에 따라 일관되게 살아가는 인간입니다.

The strongest force in the universe is a human being living consistently with his identity.

December

넬슨 만델라 Nelson Mandela

**인생에서 가장 영광스러운 것은
절대 넘어지지 않는 것이 아니라,
넘어질 때마다 다시 일어서는 것입니다.**

The greatest glory in living lies not in never falling,
but in rising every time we fall.

마야 안젤루 Maya Angelou

평범해지려고만 한다면 자신이 얼마나 대단한 사람이 될 수 있는지 결코 알 수 없을 것입니다.

If you are always trying to be normal,
you will never know how amazing you can be.

December

아리스토텔레스 Aristotle

청소년기에 만들어진 좋은 습관은 결정적인 차이를 만들어 냅니다.

Good habits formed at youth make all the difference.

기시미 이치로 Ichiro Kishimi

아무것도 하지 않으면 아무 일도 일어나지 않습니다.

If you do nothing, nothing happens.

December

윌리엄 아서 워드 William Arthur Ward

**우리는 돌을 던지거나, 돌에 걸려 넘어지거나,
돌을 타고 올라가거나, 돌로 건축을 할 수 있습니다.
무엇을 선택할 건가요?**

We can choose to throw stones, to stumble on them,
to climb over them, or to build with them.

January

루이스 헤이 Louise Hay

수년 동안 자신을 비판해 왔지만 효과가 없었을 거예요.
그러니 자신을 받아들이고 어떤 일이 일어나는지 보세요.

You've been criticizing yourself for years
and it hasn't worked. Try approving of yourself
and see what happens.

December

웨인 그레츠키 Wayne Gretzky

시도하지 않은 슛은 100% 빗나갑니다.

You miss 100% of the shots you don't take.

January

버락 오바마 Barack Obama

미래는 계속 나아가는 사람에게 보상을 줍니다.
자신에 대해 자책할 시간이 없습니다.
불평할 시간도 없습니다. 나는 계속 나아갈 겁니다.

The future rewards those who press on.
I don't have time to feel sorry for myself.
I don't have time to complain. I'm going to press on.

December

헬렌 켈러 Helen Keller

긍정적인 태도는 성취를 이끌어 냅니다.
희망과 자신감 없이는 아무것도 할 수 없어요.

Optimism is the faith that leads to achievement.
Nothing can be done without hope and confidence.

January

피터 드러커 Peter Drucker

계획은 즉시 노력으로 바뀌지 않으면
좋은 의도에 불과합니다.

Plans are only good intentions unless
they immediately degenerate into hard work.

December

시몬 드 보부아르 Simone de Beauvoir

오늘 당신의 삶을 바꾸세요. 미래를 장담하지 말고 지체 없이 지금 행동하세요.

Change your life today. Don't gamble on the future, act now, without delay.

January

모티머 아들러 Mortimer Adler

배움의 목적은 성장이며, 우리의 마음은 몸과 달리 계속 성장할 수 있습니다.

The purpose of learning is growth, and our minds, unlike our bodies, can continue growing as we continue to live.

December

마크 트웨인 Mark Twain

앞서가기 위한 비밀은 '시작'하는 것입니다.

The secret of getting ahead is getting started.

〈곰돌이 푸〉 Winnie the Pooh

매일 행복할 순 없지만 행복한 일들은 매일 있어.

You cannot be happy every day.
But there are happy things every day.

December

로버트 콜리어 Robert Collier

성공은 매일 반복되는 작은 노력의 총합입니다.

Success is the sum of small efforts,
repeated day in and day out.

January

마크 트웨인 Mark Twain

20년 후 여러분은 자신이 한 일보다 하지 않은 일 때문에 더 좌절하게 될 것입니다.

Twenty years from now you will be more disappointed by the things you didn't do than by the ones you did do.

December

앨런 코헨 Alan Cohen

**완벽한 조건이 되기를 기다리지 마세요.
시작해야 조건이 완벽해집니다.**

Do not wait until the conditions are perfect to begin.
Beginning makes the conditions perfect.

January

스와티 샤르마 Swati Sharma

자신감을 얻는 가장 좋은 방법은 두려워하던 일을 해 보는 것입니다.

The best way to gain self-confidence is to do what you are afraid to do.

December

헬렌 헤이즈 Helen Hayes

모든 전문가는 한때 초보자였습니다.

The expert in anything was once a beginner.

짐 론 Jim Rohn

성공은 매일 실천하는 몇 가지 간단한 규율에 불과합니다.

Success is nothing more than a few simple disciplines, practiced every day.

December

산을 움직이는 사람은 작은 돌을 옮기며 시작합니다.

The man who moves a mountain begins
by carrying away small stones.

27

January

실비아 플라스 Sylvia Plath

창의력을 무너뜨리는 최악의 적은 자신에 대한 불신입니다.

The worst enemy to creativity is self-doubt.

December

베네딕트 컴버배치 Benedict Cumberbatch

그만 생각하고 그만 걱정하고 자신을 갉아 먹지도 말고 그냥 좀 해!

Just stop thinking, worrying,
grinding away at yourself! Stop it and JUST DO!

엘리자베스 알라우네 Elizabeth Alraune

당신은 자신이 허락하는 만큼 놀라운 존재입니다.

You are as amazing as you let yourself be.

December

스티브 잡스 Steve Jobs

당신의 시간은 총량이 있습니다.
남의 인생을 사는 데 낭비하지 마세요.

Your time is limited,
don't waste it living someone else's life.

January

December

성장하자

성 프란치스코 Francesco d'Assisi

필요한 일을 시작하고, 가능한 것을 하다 보면 어느새 불가능해 보였던 일을 하게 됩니다.

Start by doing what's necessary, then do what's possible, and suddenly you are doing the impossible.

January

오노 요코 Yoko Ono

거울을 보고 웃어 보세요.
매일 아침 거울을 보며 미소를 짓다 보면
인생에 큰 변화가 찾아오기 시작합니다.

Smile in the mirror. Do that every morning,
and you'll start to see a big difference in your life.

November

로이 베넷 Roy Bennett

머릿속의 두려움에 밀려다니지 마세요.
마음의 꿈에 이끌리세요.

Don't be pushed around by the fears in your mind.
Be led by the dreams in your heart.

파울로 코엘료 Paulo Coelho

우리가 꿈을 포기하고 있음을 알 수 있는 첫 번째 징후는 우리가 이런 말을 내뱉기 시작하는 것입니다. 지금 내가 너무 바빠서….

The first symptom of the process of our killing our dream is when we say I'm very busy now….

November

Febuary

배우자

세종대왕 King Sejong the Great

고기는 씹을수록 맛이 납니다. 책도 읽을수록 맛이 납니다. 다시 읽으면서 처음에 지나쳤던 것을 발견하고 새롭게 생각하는 것입니다. 말하자면 백 번 읽고 백 번 읽히는 셈입니다.

Meat tastes better the more you chew it.
Books get better the more you read them. As you read it again, you notice things you missed the first time and think about them anew–it's like reading it for the hundredth time, so to speak.

November

리처드 파인만 Richard Feynmann

가능한 한 가장 자유분방하고, 도전적이며, 독창적인 방법으로 가장 관심이 있는 것을 열심히 공부하세요.

Study hard what interests you the most in the most undisciplined, irreverent and original manner possible.

Febuary

〈심슨 가족〉 The Simpsons

마을을 세워야만 영웅이 되는 건 아니야.
자기 실수를 용감하게 인정할 때도 영웅은 탄생한단다.

You don't become a hero only if you build a town.
A hero is born even when he bravely admits his mistakes.

November

로빈 샤르마 Robin Sharma

변화는 처음에는 어렵고, 중간에는 혼란스럽고, 마지막에는 아름답습니다.

Change is hard at first, messy in the middle and gorgeous at the end.

Febuary

〈어린 왕자〉 Little Prince

오직 마음으로만 확실하게 볼 수 있어.
가장 중요한 것은 눈에 보이지 않아.

It is only with the heart that one can see rightly.
What is essential is invisible to the eye.

November

말랄라 유사프자이 Malala Yousafzai

한 명의 아이, 한 명의 선생님, 한 권의 책,
한 자루의 펜이 세상을 변화시킬 수 있어요.

One child, one teacher, one book,
one pen can change the world.

Febuary

마르쿠스 아우렐리우스 Marcus Aurelius

인생의 아름다움에 집중하세요. 별을 바라보고 별과 함께 달리는 자신을 바라보세요.

Dwell on the beauty of life. Watch the stars, and see yourself running with them.

November

루이 파스퇴르 Louis Pasteur

목표를 이룰 수 있게 나를 이끌어 준 비밀은 나의 유일한 강점인 끈기입니다.

Let me tell you the secret that has led me to my goal.
My strength lies solely in my tenacity.

Febuary

쇠렌 키르케고르 Soren Kierkegaard

인생은 해결해야 할 문제가 아니라 경험해야 할 현실입니다.

Life is not a problem to be solved,
but a reality to be experienced.

November

얼 나이팅게일 Earl Nightingale

목표가 있는 사람은 성공해요.
어디로 가고 있는지 알기 때문이죠.

People with goals succeed
because they know where they're going.

Febuary

노자 Lao Tzu

우울하다면 과거에 살고 있는 것입니다.
불안하다면 미래에 살고 있는 것입니다.
평화롭다면 현재를 살고 있는 것입니다.

If you are depressed you are living in the past.
If you are anxious you are living in the future.
If you are at peace you are living in the present.

November

알베르트 아인슈타인 Albert Einstein

어려움 한가운데, 그곳에 기회가 있습니다.

In the middle of difficulty lies opportunity.

Febuary

헨리 데이비드 소로 Henry David Thoreau

꿈의 방향으로 자신 있게 나아가세요.
상상했던 삶을 사세요.

Go confidently in the direction of your dreams.
Live the life you have imagined.

November

조지 버나드 쇼 George Bernard Shaw

성공은 당신이 서 있는 위치가 아니라 당신이 바라보는 방향입니다.

Success is not the position you stand,
but the direction in which you look.

Febuary

작자 미상 Unknown

나무 위에 앉은 새는 나뭇가지가 부러지는 것을 두려워하지 않아요. 나뭇가지가 아니라 자신의 날개를 믿기 때문이죠. 항상 자신을 믿으세요.

A bird sitting on a tree is never afraid of the branch breaking, because her trust is not on the branch but on it's own wings. Always believe in yourself.

November

레오 바바우타 Leo Babauta

성공은 긍정적인 습관이 만드는
작은 일상적인 승리들이 계속되는 것입니다.

Success is a series of small daily victories,
supported by positive habits.

노먼 빈센트 필 Norman Vincent Peale

사람들은 자신이 할 수 있다고 생각하기 시작하면 정말 놀라운 존재가 됩니다. 스스로를 믿는 것이 성공의 첫 번째 비결입니다.

People become really quite remarkable when they start thinking that they can do things. When they believe in themselves they have the first secret of success.

November

아리스토텔레스 Aristotle

시간을 아끼는 것은 지혜로운 사람들의 가장 큰 목표 중 하나입니다.

Saving time is one of the greatest goals of wise people.

Febuary

루실 볼 Lucille Ball

내가 한 일들을 후회하는 것이 내가 하지 않은 일들을 후회하는 것보다 낫습니다.

I'd rather regret the things I've done than regret the things I haven't done.

November

알리 베르그송 Henri Bergson

**행동하는 사람처럼 생각하고,
생각하는 사람처럼 행동하세요.**

Think like a man of action,
act like a man of thought.

Febuary

마크 트웨인 Mark Twain

**여러분의 야망을 깎아내리려는 사람들을 멀리하세요.
소인배들은 항상 그렇게 하지만, 정말 위대한 사람들은
당신이 위대해질 수 있다고 느끼게 합니다.**

Keep away from people who try to belittle your ambitions. Small people always do that, but the really great make you feel that you, too, can become great.

November

조지 와인버그 George Weinberg

희망은 결코 당신을 버리지 않습니다.
당신이 희망을 버릴 뿐이죠.

Hope never abandons you, you abandon it.

Febuary

엘리너 루스벨트 Eleanor Roosevelt

당신을 두렵게 하는 한 가지 일을 매일 하세요.

Do one thing every day that scares you.

November

데이비드 프로스트 David Frost

성공을 원한다면 성공을 목표로 삼지 마세요.
자신이 좋아하고 믿는 일을 하면
성공은 자연스럽게 따라옵니다.

Don't aim for success if you want it.
Just do what you love and believe in,
and it will come naturally.

Febuary

빈센트 반 고흐 Vincent Van Gogh

마음속에서 그림을 그릴 수 없다는
목소리가 들리면 그림을 그리세요.
그러면 그 목소리는 잠잠해질 것입니다.

If you hear a voice within you say you cannot paint,
then by all means paint and that voice will be silenced.

November

프리다 칼로 Frida Kahlo

열정은 고통에서 변화로 나아가게 하는 다리입니다.

Passion is the bridge that takes you from pain to change.

Febuary

하비 매케이 Harvey Mackay

자기 훈련은 당신을 무적으로 만드는 마법의 힘입니다.

Self-discipline is the magic power that makes you virtually unstoppable.

November

〈곰돌이 푸〉 Winnie the Pooh

넌 네가 믿는 것보다 용감하고, 보이는 것보다 강하고, 네가 생각하는 것보다 똑똑해.

You're braver than you believe, and stronger than you seem, and smarter than you think.

Febuary

드리나 리드 Drina Reed

한 번도 가져 보지 못한 것을 갖고 싶다면
한 번도 해 보지 않은 일을 해야 합니다.

If you want something you never had,
you've got to do something you've never done.

November

로버트 헨셀 Robert Hensel

긍정적인 태도는 폭풍을 소나기로 바꿀 수 있어요.

A positive attitude can turn a storm into a sprinkle.

Febuary

작자 미상 Unknown

**내가 누구인지 알고,
내가 무엇을 했는지 인정할 수 있고,
지금의 나를 사랑할 수 있다면 자신감이 생깁니다.**

I am confident because I can admit who I am,
what I've done, and love myself for who I've become.

November

스티브 마라볼리 Steve Maraboli

행복은 문제가 없는 상태가 아니라 문제를 다룰 수 있는 능력입니다.

Happiness is not the absence of problems,
it's the ability to deal with them.

Febuary

레베카 피어스 Rebekah Pierce

조급함은 성공을 가로채는 도둑입니다.

Impatience is the thief of success.

November

케네스 헤이지 Kenneth Hagee

감사는 우리가 지금 가진 것에 초점을 맞추게 해 줍니다.

Gratitude helps us focus on what we have.

Febuary

아서 골든 Arthur Golden

역경은 강풍과 같습니다.
그것은 우리 모두를 찢고, 찢어질 수 없는 것들만 남기고
우리 자신을 있는 그대로 볼 수 있게 해 줍니다.

Adversity is like a strong wind.
It tears away from us all but the things that cannot be torn,
so that we see ourselves as we truly are.

November

존 F. 케네디 John F. Kennedy

어려움이 있나요?
성장의 기회가 있다는 뜻입니다.

To have difficulties means
to have opportunities for growth.

Febuary

조디 포스터 Jodie Foster

평범함은 열망해야 할 것이 아니라 벗어나야 할 대상입니다.

Normal is not something to aspire to,
it's something to get away from.

November

프랭클린 루스벨트 Franklin Roosevelt

용기란 두려움이 없는 마음이 아니라,
다른 것이 두려움보다
더 중요하다고 판단하는 것입니다.

Courage is not the absence of fear,
but rather the assessment
that something else is more important than fear.

Febuary

파블로 피카소 Pablo Picasso

영감은 실제로 존재하지만,
그건 당신이 일하고 있을 때만 찾아와요.

Inspiration does exist, but it must find you working.

November

콜린 파월 Colin Powell

꿈은 마법처럼 현실이 되지 않습니다.
땀과 결단력, 애써 일하는 과정이 필요합니다.

A dream doesn't become reality through magic.
It takes sweat, determination, and hard work.

Febuary

오프라 윈프리 Oprah Winfrey

상처를 지혜로 바꾸세요.

Turn your wounds into wisdom.

November

헬렌 켈러 Helen Keller

세상에서 가장 비참한 사람은 시력은 있는데 통찰력, 비전이 없는 사람입니다.

The most pathetic person in the world is someone who has sight but no vision.

우리가 아니면 누가? 지금이 아니면 언제?

If not us, then who? If not now, then when?

November

알베르트 아인슈타인 Albert Einstein

**어제를 통해 배우고, 오늘을 통해 살아가고,
내일을 통해 희망을 품으세요.
중요한 것은 질문을 멈추지 않는 것입니다.**

Learn from yesterday, live for today, hope for tomorrow.
The important thing is not to stop questioning.

잭 캔필드 Jack Canfield

실패를 걱정하지 마세요. 시도조차 하지 않을 때 놓치는 기회를 걱정하세요.

Don't worry about failures, worry about the chances you miss when you don't even try.

November

베르길리우스 Vergilius

행운은 용기 있는 사람의 편입니다.

Fortune favors the brave.

Febuary

데일 카네기 Dale Carnegie

**모든 삶은 기회입니다. 그러니 잡으세요!
가장 멀리 가는 사람은 기꺼이 행동하고
도전하는 사람입니다.**

All life is a chance. So take it!
the person who goes furthest is the one
who is willing to do and dare.

November

스콧 해밀턴 Scott Hamilton

인생에서 유일한 장애물은 나쁜 태도입니다.

The only disability in life is a bad attitude.

엘버트 허바드 Elbert Hubbard

절제란 자신이 원하든 원하지 않든, 해야 할 일을 해야 할 때 스스로 할 수 있는 능력입니다.

Discipline is the ability to make yourself do what you should do, when you should do it, whether you feel like it or not.

November

데니스 웨이틀리 Denis Waitley

자신의 목표를 명확하게 바라보는 긍정적인 태도를 지닌 사람을 멈추게 할 수 있는 것은 지구상에 없습니다.

Virtually nothing on earth can stop a person with a positive attitude who has his goal clearly in sight.

Febuary

알베르트 아인슈타인 Albert Einstein

인생은 자전거를 타는 것과 같아요. 균형을 유지하기 위해서는 계속 페달을 밟아야 하거든요.

Life is like riding a bicycle.
To keep your balance, you must keep moving.

November

웨인 다이어 Wayne Dyer

태도는 모든 것입니다.
좋은 태도를 선택하세요.

Attitude is everything, so pick a good one.

Febuary

벤자민 프랭클린 Benjamin Franklin

준비하지 않으면 실패할 것을 준비하고 있는 것입니다.

By failing to prepare,
you are preparing to fail.

November

폴 발레리 Paul Valery

꿈을 이루는 유일한 방법은 깨어나는 것입니다.

The only way to make your dreams come true is to wake up.

Febuary

플로렌스 나이팅게일 Florence Nightingale

제 성공의 원동력은 바로 이것입니다.
핑계를 대지 않은 것.

I attribute my success to this.
I never gave or took an excuse.

November

빌 게이츠 Bill Gates

무언가 잘못되었나요? 부모님의 잘못이 아닙니다. 불평만 하지 말고 실수로부터 교훈을 얻으세요.

If you mess up, it's not your parents' fault, so don't whine about your mistakes, learn from them.

28

Febuary

November
11
행동하자

마이크 머독 Mike Murdock

미래의 비밀은 당신의 일상에 숨겨져 있습니다.

The secret of your future is hidden in your daily routine.

엘리너 루스벨트 Eleanor Roosevelt

어차피 비판을 받을 테니 마음속으로 옳다고 느끼는 일을 하세요.

Do what you feel in your heart to be right for you'll be criticized anyway.

October

March

더 배우자

헨리 데이비드 소로 Henry David Thoreau

바쁘다는 것만으로는 충분하지 않습니다. 개미도 바쁘거든요. 문제는 우리가 무엇 때문에 바쁜가입니다.

It is not enough to be busy, so are the ants.
The question is: What are we busy about?

October

토머스 에디슨 Thomas Edison

성공을 위한 첫 번째 조건은 지치지 않고 한 가지 문제에 몸과 정신의 에너지를 집중하는 능력입니다.

The first requisite for success is the ability to apply your physical and mental energies to one problem incessantly without growing weary.

March

루미 Rumi

당신은 날개를 달고 태어났는데
왜 기어다니려고 하나요?

You were born with wings,
why prefer to crawl through life?

October

공자 Confucius

멈추지 않는다면 느리게 가도 상관없어요.

It does not matter how slowly you go
as long as you do not stop.

March

스티브 잡스 Steve Jobs

무덤에 누워 가장 부유한 사람이 되는 것은 나에게 중요하지 않습니다. 밤에 잠자리에 들 때 우리가 멋진 일을 해냈다고 말하는 것… 그것이 의미가 있습니다.

Being the richest man in the cemetery doesn't matter to me. Going to bed at night saying we've done something wonderful… that's what matters to me.

October

빈센트 반 고흐 Vincent Van Gogh

우리에게 뭔가를 시도하려는 용기가 없다면 삶이 무슨 의미가 있을까요?

What would life be
if we had no courage to attempt anything?

March

나폴레옹 힐 Napoleon Hill

위대한 일을 할 수 없다면 작은 일이라도 위대한 방법으로 해 보세요.

If you cannot do great things,
do small things in a great way.

October

맨디 헤일 Mandy Hale

그냥 자기 자신이 되세요.
사람들이 당신이 얼마나 불완전하고, 결함이 있고, 특이하고,
이상하고, 아름답고 마법 같은 사람인지 보게 놔두세요.

Just be yourself.
Let people see the real, imperfect, flawed,
quirky, weird, beautiful, magical person that you are.

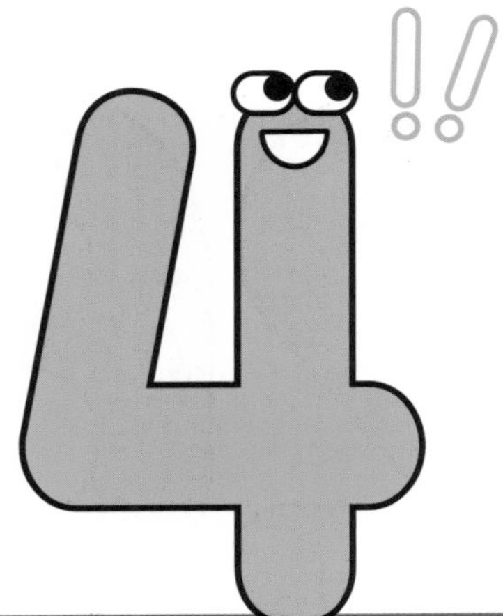

March

존 레논 John Lennon

멋진 일을 했는데 아무도 알아주지 않는다고 해서 슬퍼하지 마세요. 매일 아침 태양은 아름답게 뜨지만 대부분의 청중은 여전히 잠을 자고 있답니다.

When you do something noble and beautiful
and nobody noticed, do not be sad.
For the sun every morning is a beautiful spectacle
and yet most of the audience still sleeps.

October

짐 론 Jim Rohn

자기훈련은 목표와 성취 사이를 잇는 다리와 같아요.

Discipline is the bridge between goals
and accomplishment.

March

스마일리 브랜튼 Smiley Branton

행복해지고 싶다면 '그때 그랬더라면'이라는 말 대신 '이번에야말로'라고 말하세요.

If you want to be happy, stop saying 'if only then' and start saying 'this time' instead.

October

엘리너 루스벨트 Eleanor Roosevelt

미래는 자신의 꿈이 아름답다는 사실을 믿는 사람들의 것입니다.

The future belongs to those who believe in the beauty of their dreams.

March

세네카 Seneca

행운은 준비와 기회가 만날 때 일어나는 일입니다.

Luck is what happens
when preparation meets opportunity.

October

칼 바드 Carl Bard

아무도 과거로 돌아가 새로운 시작을 할 수는 없지만,
누구나 지금부터 시작하여
새로운 결말을 만들 수 있습니다.

Though no one can go back and make a brand new start,
anyone can start from now and make a brand new ending.

작자 미상 Unknown

미래의 내가 고마워할 만한 일을 오늘 해 보세요.

Do something today
that your future self will thank you for.

October

〈짱구는 못 말려〉

할 수 있다고 생각하면 할 수 있어.

If you think you can do it, you can do it.

March

마야 안젤루 Maya Angelou

어떤 것이 마음에 들지 않을 때 해야 할 일은 그것을 바꾸는 것입니다. 바꿀 수 없다면 그것에 대해 생각하는 방식을 바꾸세요. 불평하지 마세요.

What you're supposed to do when you don't like a thing is change it. If you can't change it, change the way you think about it. Don't complain.

October

에픽테토스 Epictetus

먼저 자신이 어떤 사람이 될 것인지 스스로에게 말하고, 그러고 나서 해야 할 일을 하세요.

First say to yourself what you would be,
and then do what you have to do.

March

마크 쿠반 Mark Cuban

당신이 통제할 수 있는 것은 오직 노력뿐입니다.
그게 모든 것이고 전부입니다.

The only thing in your control is effort.
That's all, and that's everything.

October

헨리 포드 Henry Ford

실패는 그저 더 현명하게 다시 시작할 수 있는 기회일 뿐입니다.

Failure is simply the opportunity to begin again, this time more intelligently.

March

앨리스 워커 Alice Walker

**여러분이 만들고 있는 현재를 자세히 살펴보세요.
여러분이 꿈꾸고 있는 미래와 닮아 있어야 합니다.**

Look closely at the present you are constructing.
It should look like the future you are dreaming.

October

벤자민 프랭클린 Benjamin Franklin

자기 인생을 사랑하나요? 그렇다면 시간을 낭비하지 마세요. 시간이 인생의 재료거든요.

Dost thou love life? Then do not squander time, for that is the stuff life is made of.

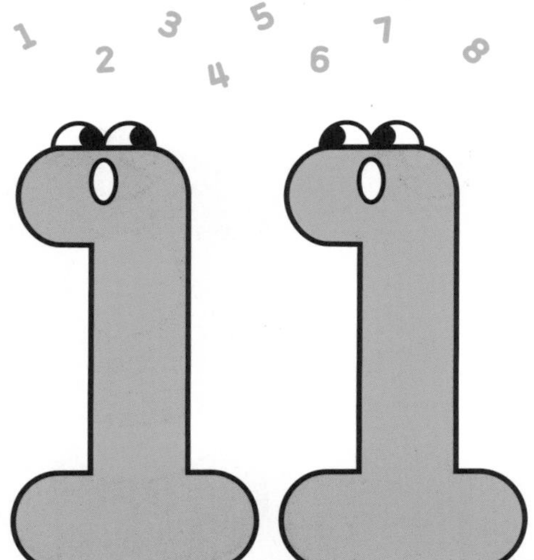

March

맨디 헤일 Mandy Hale

훌륭한 태도는 훌륭한 하루가 되고,
훌륭한 한 달이 되고, 훌륭한 한 해가 되고,
훌륭한 인생이 됩니다.

A great attitude becomes a great day
which becomes a great month which becomes a great year
which becomes a great life.

October

지그 지글러 Zig Ziglar

오늘을 기억할 만한 가치 있는 날로 만드세요.

Make today worth remembering.

March

닥터 수스 Dr. Seuss

더 많이 읽을수록 더 많은 것을 알게 됩니다.
더 많이 배울수록 더 많은 곳으로 갈 수 있습니다.

The more that you read, the more things you will know.
The more that you learn, the more places you'll go.

October

다산 정약용

공부를 하려면 먼저 생활을 바르게 하세요.

To study, first lead a disciplined life.

알베르트 아인슈타인 Albert Einstein

인생을 사는 방법은 두 가지뿐입니다.
하나는 마치 기적이 아무것도 아닌 것처럼 사는 것입니다.
다른 하나는 모든 것이 기적인 것처럼 사는 것입니다.

There are only two ways to live your life.
One is as though nothing is a miracle.
The other is as though everything is a miracle.

October

T. S. 엘리엇 T. S. Eliot

멀리 가려고 위험을 감수하는 사람만이 어디까지 갈 수 있는지 알 수 있어요.

Only those who will risk going too far can possibly find out how far one can go.

March

월리스 스테그너 Wallace Stegner

마음의 상처 하나하나에 평생의 교훈이 담겨 있으니 자랑스러워하세요.

Be proud of every scar on your heart,
each one holds a lifetimes worth of lessons.

October

로이 베넷 Roy Bennett

쉬운 일이나 인기 있는 일이 아니라 옳은 일을 하세요.

Do what is right, not what is easy nor what is popular.

존 앳킨슨 John Atkinson

당신이 스스로 인생을 관리하지 않으면 다른 누군가가 할 것입니다.

If you don’t run your own life, somebody else will.

October

알랭 드 보통 Alain de Botton

걱정 없는 인생을 바라지 말고 걱정에 물들지 않는 연습을 하세요.

Don't hope for a worry-free life,
practice not being colored by it.

March

잭슨 브라운 주니어 Jackson Brown, Jr.

최선을 다하고 있다면,
실패에 대해 걱정할 시간이 없을 것입니다.

If you're doing your best,
you won't have any time to worry about failure.

October

앤서니 로빈스 Anthony Robbins

모든 문제는 선물입니다. 문제가 없었다면
우리는 성장하지 못했을 것입니다.

Every problem is a gift without problems
we would not grow.

March

월트 디즈니 Walt Disney

자기 자신을 좋아할수록 다른 사람과 차별화가 되고 더 유니크한 존재가 될 거예요.

The more you like yourself, the less you are like anyone else, which makes you unique.

October

토머스 제퍼슨 Thomas Jefferson

자신이 누군지 알고 싶다면,
묻지 마세요. 행동하세요!
행동이 당신을 보여 주고 정의할 거예요.

Do you want to know who you are?
Don't ask. Act! Action will delineate and define you.

March

루미 Rumi

**당신은 바닷속의 물 한 방울이 아니에요.
당신은 물 한 방울 안에 있는 온전한 바다예요.**

You are not a drop in the ocean.
You are the entire ocean, in a drop.

October

지그 지글러 Zig Ziglar

시간이 부족하다고 탓하지 마세요.
방향성 부족이 문제입니다.
누구에게나 하루 24시간이 있습니다.

Lack of direction, not lack of time, is the problem.
We all have twenty-four hour days.

March

데이비드 웨더포드 David Weatherford

우리는 추워 본 적이 있기에 따뜻함의 의미를 압니다.
우리는 어둠 속에 있었기에 빛에 감사할 수 있습니다.
마찬가지로 우리는 슬픔을 알기에 기쁨을 경험할 수 있습니다.

We enjoy warmth because we have been cold.
We appreciate light because we have been in darkness.
By the same token, we can experience joy
because we have known sorrow.

October

아인 랜드 Ayn Rand

창의적인 사람은 남을 이기려는 욕망이 아니라 성취하려는 욕망에 이끌려 살아갑니다.

A creative man is motivated by the desire to achieve, not by the desire to beat others.

March

토마스 제퍼슨 Thomas Jefferson

정직은 지혜라는 책의 첫 번째 장입니다.

Honesty is the first chapter in the book of wisdom.

October

로이 베넷 Roy Bennett

장애물을 기회로, 문제를 가능성으로 바꾸세요.

Turn your obstacles into opportunities
and your problems into possibilities.

March

조안 바에즈 Joan Baez

행동은 절망을 치유하는 해독제입니다.

Action is the antidote to despair.

October

〈슬램 덩크〉 Slam Dunk

포기하면 그 순간이 바로 시합 종료예요.

When you give up, it's game over.

22

March

월터 베이지호트 Walter Bagehot

인생에서 가장 큰 즐거움은 사람들이 할 수 없다고 말하는 일을 하는 것입니다.

The greatest pleasure in life is doing what people say you cannot do.

October

키케로 Cicero

삶이 있는 한 희망은 있습니다.

While there's life, there's hope.

March

윈스턴 처칠 Winston Churchill

인생이 지옥 같나요?
계속 나아가세요.

If you're going through hell, keep going.

October

나폴레옹 보나파르트 Napoleon Bonaparte

깊이 생각하세요. 그러나 행동할 때가 오면
생각을 멈추고 뛰어들어야 합니다.

Take time to deliberate, but when the time
for action has arrived, stop thinking and go in.

March

월트 디즈니 Walt Disney

용기를 내어 꿈을 추구한다면
우리의 모든 꿈은 현실이 될 수 있습니다.

All our dreams can come true
if we have the courage to pursue them.

October

존 버로스 John Burroughs

제가 항상 지키려고 노력하는 한 가지는 '작은 것부터 극복하자'입니다.

One resolution I have made, and try always to keep, is this. 'To rise above little things.'

March

찰스 부코스키 Charles Bukowski

사랑할 능력이 있다면, 먼저 자신을 사랑하세요.

If you have the ability to love, love yourself first.

October

마야 안젤루 Maya Angelou

모든 위대한 업적에는 시간이 필요합니다.

All great achievements require time.

에우리피데스 Euripides

가장 현명한 사람은 자신만의 방향을 따릅니다.

The wisest men follow their own direction.

October

헨리 포드 Henry Ford

모든 일이 불리하게 돌아가는 것 같을 때,
비행기는 바람에 편승하는 게 아니라
바람을 거슬러 이륙한다는 사실을 기억하세요.

When everything seems to be going against you,
remember that the airplane takes off
against the wind, not with it.

March

엘리너 루스벨트 Eleanor Roosevelt

누구도 당신의 동의 없이 당신을 열등하게 느끼게 할 수 없습니다.

No one can make you feel inferior without your consent.

October

제임스 오펜하임 James Oppenheim

**어리석은 사람은 행복을 멀리서 찾지만,
현명한 사람은 발밑에서 행복을 키웁니다.**

The foolish man seeks happiness in the distance.
The wise grows it under his feet.

March

라이오넬 윌라드 Lionel Willard

걱정은 완벽한 시간 낭비입니다.
아무것도 바꾸지 못합니다.
당신의 기쁨을 훔치고 아무것도 하지 않게 할 뿐입니다.

Worry is a total waste of time. It doesn't change anything.
All it does is steal your joy and keep you busy doing nothing.

October

스티브 마라볼리 Steve Maraboli

목표가 있다면, 적으세요.
적지 않으면 목표가 없는 것과 같습니다.

If you have a goal, write it down.
If you do not write it down, you do not have a goal.

March

〈빨간머리 앤〉 Anne of Green Gables

10월이 있는 세상에 산다는 게 정말 기쁘지 않나요?

Isn't it truly joyful to live in a world with October?

October

윌 로저스 Will Rogers

어제의 일로 오늘을 너무 많이 낭비하지 마세요.

Don't let yesterday take up too much of today.

March

October

핑계 대지 말자

존 메이슨 John Mason

당신은 원본으로 태어났습니다.
사본이 되어 죽지 마세요.

You were born an original. Don't die a copy.

March

마크 트웨인 Mark Twain

인류에게는 정말 효과적인 무기가 하나 있는데,
바로 웃음입니다.

The human race has one really effective weapon,
and that is laughter.

September

April
4
삶을 긍정하자

어니스트 헤밍웨이 Ernest Hemingway

용기는 압박 속에서 발휘되는 은총입니다.

Courage is grace under pressure.

September

스티브 잡스 Steve Jobs

**자세히 들여다보면, 쉽게 이뤄진 것처럼
보이는 성공들도 오랜 시간이 걸렸어요.**

If you really look closely,
most overnight successes took a long time.

April

로자 파크스 Rosa Parks

내가 수년 동안 배운 것은 마음을 굳게 먹으면 두려움이 줄어들고, 해야 할 일을 알면 두려움이 사라진다는 것입니다.

I have learned over the years that when one's mind is made up, this diminishes fear knowing what must be done does away with fear.

September

라빈드라나트 타고르 Rabindranath Tagore

서서 물만 바라보는 것만으로는 바다를 건널 수 없습니다.

You can't cross the sea merely by standing and staring at the water.

루미 Rumi

당신 안에는 빛으로 깨어나기를 기다리는 아침이 있습니다.

There is a morning inside
you waiting to burst open into light.

September

요한 볼프강 폰 괴테 Johann Wolfgang von Goethe

아는 것만으로는 충분하지 않으며,
반드시 실천해야 합니다. 의지만으로는 충분하지 않으며,
반드시 행동해야 합니다.

Knowing is not enough, we must apply.
Willing is not enough, we must do.

April

앤드류 카네기 Andrew Carnegie

의무를 다하는 데서 그치지 마세요.
조금 더 나아간다면 미래는 당신의 것입니다.

Do your duty and a little more and
the future will take care of itself.

September

필립 시드니 Philip Sidney

방법을 찾거나 방법을 만들거나
둘 중 하나를 선택하세요.

Either I will find a way, or I will make one.

April

넬슨 만델라 Nelson Mandela

나의 성공으로 나를 평가하지 마십시오. 얼마나 많이 넘어지고 다시 일어났는지로 나를 평가하십시오.

Do not judge me by my successes, judge me by how many times I fell down and got back up again.

September

알베르트 아인슈타인 Albert Einstein

실패는 진행 중인 성공입니다.

Failure is success in progress.

April

공자 Confucius

인생은 정말 간단한데,
우리는 복잡하게 만들기를 고집합니다.

Life is really simple,
but we insist on making it complicated.

September

댄 리브스 Dan Reeves

인생의 어려움은 우리를 더 나은 사람으로 만들기 위한 것이지, 고통을 주려는 것이 아닙니다.

Difficulties in life are intended to
make us better, not bitter.

April

알베르트 슈바이처 Albert Schweitzer

성공이 행복의 열쇠가 아닙니다.
행복이 성공의 열쇠입니다.
당신이 하는 일을 사랑한다면, 당신은 성공할 것입니다.

Success is not the key to happiness.
Happiness is the key to success.
If you love what you are doing, you will be successful.

September

다산 정약용

실천이 바로 공부이며, 실패가 바로 경험입니다.
실패를 성공으로 이어 가려면
겸손하고 노력하는 마음을 잃지 마세요.

Practice is studying, and failure is experience.
To turn failure into success,
don't lose your humble and diligent spirit.

April

크리스티 매튜슨 Christy Mathewson

**승리에서는 조금 배울 수 있습니다.
하지만 패배에서는 모든 것을 배울 수 있습니다.**

You can learn little from victory.
You can learn everything from defeat.

September

〈굿 윌 헌팅〉 Good Will Hunting

어려운 때도 있겠지만, 그때야말로 네가 주목하지 않았던 좋은 것들을 발견하게 해 줄 거야.

You'll have bad times, but it'll always wake you up to the good stuff you weren't paying attention to.

April

하인츠 구데리안 Heinz Guderian

절망적인 상황은 없어요.
절망하는 인간이 있을 뿐입니다.

There are no desperate situations,
there are only desperate people.

September

〈쿨 러닝〉 Cool Running

금메달은 멋진 것이지만, 그게 없어서 충분하지 않다면, 그것이 있어도 결코 충분하지 않을 것입니다.

A gold medal is a wonderful thing. But if you're not enough without it, you'll never be enough with it.

April

작자 미상 Unknown

인생에는 두 가지 규칙이 있습니다.
첫째는 절대로 포기하지 않는 것이고
둘째는 첫 번째 규칙을 늘 기억하는 것입니다.

Life has two rules.
#1 Never quit #2 Always remember rule #1

September

집 라이언 Jim Ryan

동기부여는 시작하게 해 주지만,
습관은 계속 나아가게 합니다.

Motivation gets you started,
but habits keep you going.

April

랄프 왈도 에머슨 Ralph Waldo Emerson

내 뒤에 있는 것과 내 앞에 있는 것은
내 안에 있는 것에 비하면 아무것도 아닙니다.

What lies behind you and what lies in front of you,
pales in comparison to what lies inside of you.

September

윈스턴 처칠 Winston Churchill

태도는 작은 것이지만 큰 차이를 만들어 냅니다.

Attitude is a little thing that makes a big difference.

April

데일 카네기 Dale Carnegie

세상의 중요한 일들은 희망이 전혀 없어 보였을 때도 계속 노력한 사람들에 의해 대부분 성취되었습니다.

Most of the important things in the world have been accomplished by people who have kept on trying when there seemed to be no hope at all.

September

달라이 라마 Dalai Lama

다른 사람들의 행동이 당신의 내면의 평화를 파괴하지 못하게 하세요.

Don't let the behavior of others destroy your inner peace.

April

브루스 리 Bruce Lee

쉬운 삶을 달라고 기도하지 말고,
어려운 삶을 견딜 수 있는 힘을 달라고 기도하십시오.

Do not pray for an easy life,
pray for the strength to endure a difficult one.

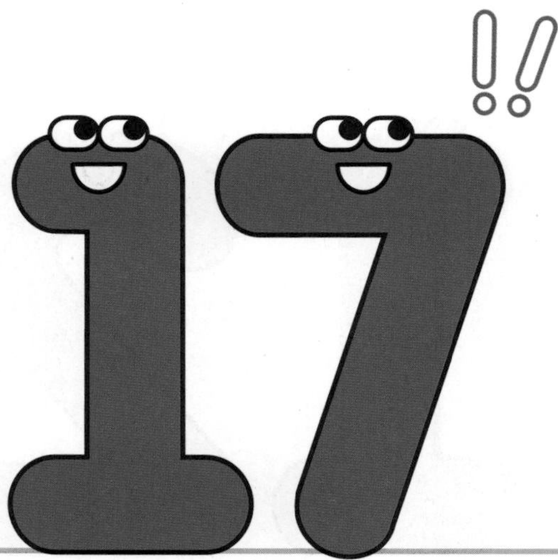

September

브라이언 트레이시 Brian Tracy

감사는 마음을 정화하는 천연 치료제입니다.

Gratitude is a natural remedy that purifies the heart.

오스카 와일드 Oscar Wilde

우리는 모두 시궁창에 있지만
우리 중 누군가는 별을 바라보고 있습니다.

We are all in the gutter,
but some of us are looking at the stars.

September

로버트 슐러 Robert Schuller

고난은 성공의 전제조건입니다.

Hardship is the precursor to success.

코리 텐 붐 Corrie Ten Boom

걱정은 두려움의 중심에서 소용돌이치는 비효율적인 생각의 순환입니다.

Worry is a cycle of inefficient thoughts whirling around a center of fear.

September

로버트 브룩스 Robert Brooks

**인생의 어떤 부분을 바꾸고 싶은가요?
작은 일을 시작해 약간의 성공을 경험하고
거기서부터 확장해야 합니다.**

If you're trying to change a certain script in your life,
start small and experience some success.
Build from there.

에이브러햄 링컨 Abraham Lincoln

발을 올바른 위치에 놓고 굳건히 서십시오.

Be sure you put your feet in the right place,
then stand firm.

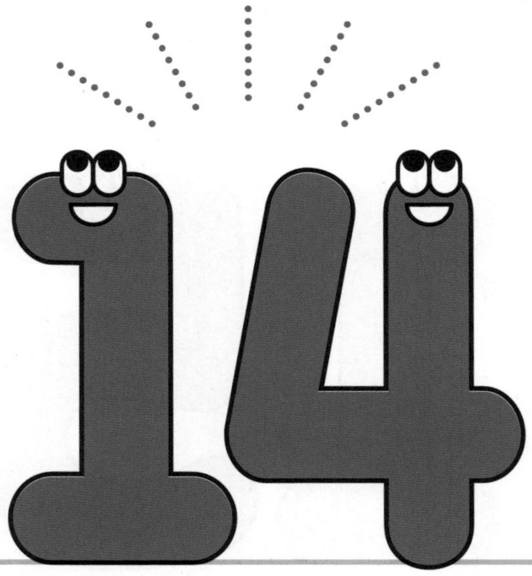

September

E. E. 커밍스 E. E. Cummings

성장하고, 진정한 자신이 되려면 용기가 필요합니다.

It takes courage to grow up
and become who you really are.

존 H. 존슨 John H. Johnson

작은 꿈을 꾸세요. 너무 큰 목표를 세우면 부담스러워 아무것도 하지 않게 됩니다. 작은 목표를 세우고 이를 달성하면 더 높은 목표를 향해 나아갈 수 있는 자신감이 생깁니다.

Dream small dreams. If you make them too big, you get overwhelmed and you don't do anything. If you make small goals and accomplish them, it gives you the confidence to go on to higher goals.

September

제임스 딘 James Dean

영원히 살 것처럼 꿈꾸고,
오늘 죽을 것처럼 사십시오.

Dream as if you'll live forever,
live as if you'll die today.

레너드 코헨 Leonard Cohen

모든 것에는 균열이 있습니다.
그래야 빛이 들어오거든요.

There is a crack in everything.
That's how the light gets in.

September

덴젤 워싱턴 Denzel Washington

행동이 없는 비전은 그냥 꿈일 뿐이에요.
행동, 노력, 끈기, 인내가 꿈을 이루게 합니다.

A vision without action is just a dream.
Action, the grind, the hustle, the persistence,
that's what makes dreams come true.

April

무라카미 하루키 Haruki Murakami

폭풍우를 헤치고 나올 때,
당신은 폭풍우를 처음 만났던 그 사람이 아닐 거예요.
그것이 폭풍우의 의미입니다.

When you come out of the storm,
you won't be the same person who walked in.
That's what the storm is all about.

September

〈피너츠〉 Peanuts

넌 한다면 하는 사람이잖아. 그걸 보여 줘.
너를 믿어 주는 사람들과 너 자신에게!

You are someone who does it if you say you will. Show it.
To the people who believe in you and to yourself.

April

마르쿠스 아우렐리우스 Marcus Aurelius

아침에 일어나면
숨을 쉬고, 생각하고, 즐기고, 사랑할 수 있다는 것이
얼마나 소중한 특권인지 생각해 보세요.

When you arise in the morning,
think of what a precious privilege it is to be alive
–to breathe, to think, to enjoy, to love.

September

데일 카네기 Dale Carnegie

두려움을 정복하고 싶다면, 집에 앉아서 생각만 하지 말고 나가서 바쁘게 움직이세요.

If you want to conquer fear, don't sit home and think about it. Go out and get busy.

April

마크 트웨인 Mark Twain

인생에서 가장 중요한 두 날은 태어난 날과 왜 태어났는지를 알게 된 날입니다.

The two most important days in your life are the day you are born and the day you find out why.

September

헬렌 켈러 Helen Keller

내일을 위한 최고의 준비는 오늘 최선을 다하는 것입니다.

The best preparation
for tomorrow is doing your best today.

April

성 아우구스티누스 Aurelius Augustinus

짐을 덜어 달라고 기도하기보다는 강한 어깨를 달라고 기도하십시오.

Instead of praying for a burden to be lifted,
pray for a strong shoulder.

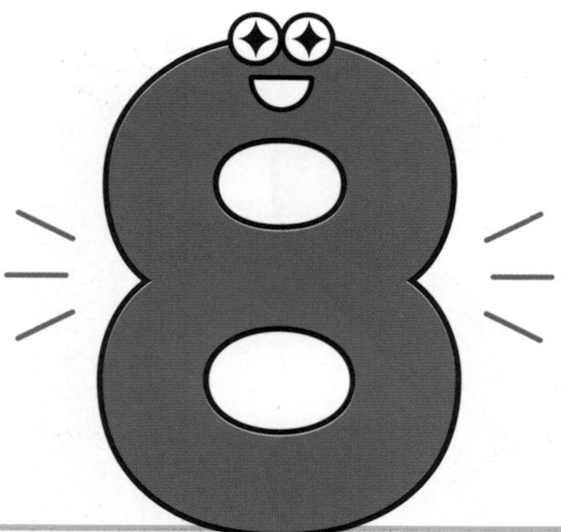

September

노먼 본 Norman Vaughan

꿈을 크게 꾸고, 실패할 용기를 가지세요.

Dream big and dare to fail.

April

스펜서 존슨 Spencer Johnson

우리는 1분 안에 태도를 바꿀 수 있고,
그 순간이 하루 전체를 바꿀 수 있습니다.

In one minute you can change your attitude,
and in that minute you can change your entire day.

September

웨인 다이어 Wayne Dyer

사물을 보는 방식을 바꾸면,
바라보는 사물도 바뀝니다.

Change the way you look at things
and the things you look at change.

벤자민 프랭클린 Benjamin Franklin

잘한 일이 잘 말한 것보다 낫습니다.

Well done is better than well said.

September

윌리엄 할시 시니어 William Halsey, Sr.

문제를 피하지 않고 직면하면 모든 문제는 작아집니다.

All problems become smaller if you don't dodge them but confront them.

알프레드 아들러 Alfred Adler

과거를 다루는 유일한 방법은 그것이 이미 지난 것임을 받아들이는 것입니다.

The only way to deal with the past is to accept that it is past.

September

아이샤 타일러 Aisha Tyler

성공은 실패하지 않는 것이 아니라,
실패를 극복하며 나아가는 것입니다.

Success is not the absence of failure.
It's the persistence through failure.

April

플라톤 Plato

용기는 무엇을 두려워하지 말아야 하는지 아는 것입니다.

Courage is knowing what not to fear.

September

웨일런 제닝스 Waylon Jennings

**다른 누군가와 같으려고 하지 말고,
위험을 감수하는 것을 두려워하지 마세요.**

Don't ever try and be like anybody else
and don't be afraid to take risks.

소크라테스 Socrates

세상을 움직이려는 사람은 먼저 스스로를 움직여야 합니다.

Let him who would move the world first move himself.

September

아리아나 허핑턴 Arianna Huffington

실패는 성공의 반대가 아니라,
성공의 일부입니다.

Failure is not the opposite of success.
It's part of success.

아서 애시 Arthur Ashe

성공의 중요한 열쇠 중 하나는 자신감입니다.
자신감의 중요한 열쇠 중 하나는 준비입니다.

One important key to success is self-confidence.
An important key to self-confidence is preparation.

September

엘리너 루스벨트 Eleanor Roosevelt

행복은 목표가 아닙니다.
그것은 잘 살아온 인생의 부산물입니다.

Happiness is not a goal.
It's a by-product of a life well-lived.

April

조 나마스 Joe Namath

**자신감이 있으면 사는 게 재미있습니다.
그리고 재미있게 즐길 때, 놀라운 일을 할 수 있습니다.**

When you have confidence, you can have a lot of fun.
And when you have fun, you can do amazing things.

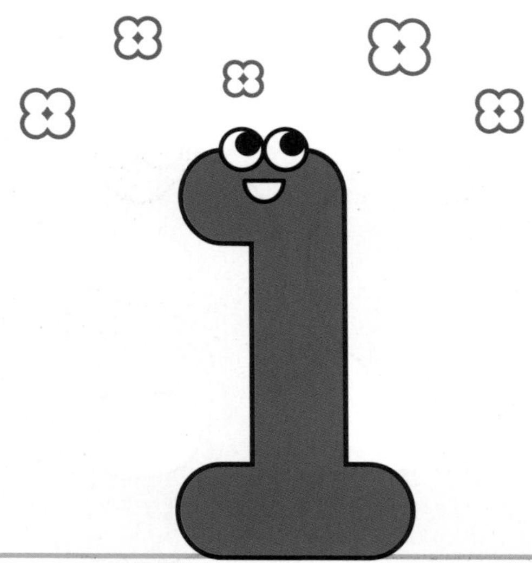

September

헤르베르트 폰 카라얀 Herbert von Karajan

완벽함은 우연이 아니라 지속적인 노력의 결과입니다.

Perfection is not an accident,
but the result of continuous effort.

April

September

태도를 점검하자

데일 카네기 Dale Carnegie

바람이 불지 않을 때 바람개비를 돌리는 방법은 '내가 앞으로 달려 나가는 것'입니다.

The way to blow windmill without wind is to run toward.

April

존 웨인 John Wayne

내일은 우리가 어제로부터 무언가를 배웠기를 바랍니다.

Tomorrow hopes we have learned something from yesterday.

August

May

감사하자

베이브 루스 Babe Ruth

삼진에 대한 두려움 때문에 경기를 중단하지 마세요.

Never let the fear of striking out keep you from playing the game.

August

찰스 슐츠 Charles Schulz

웃을 때 인생이 더 나아집니다.

Life is better when you're laughing.

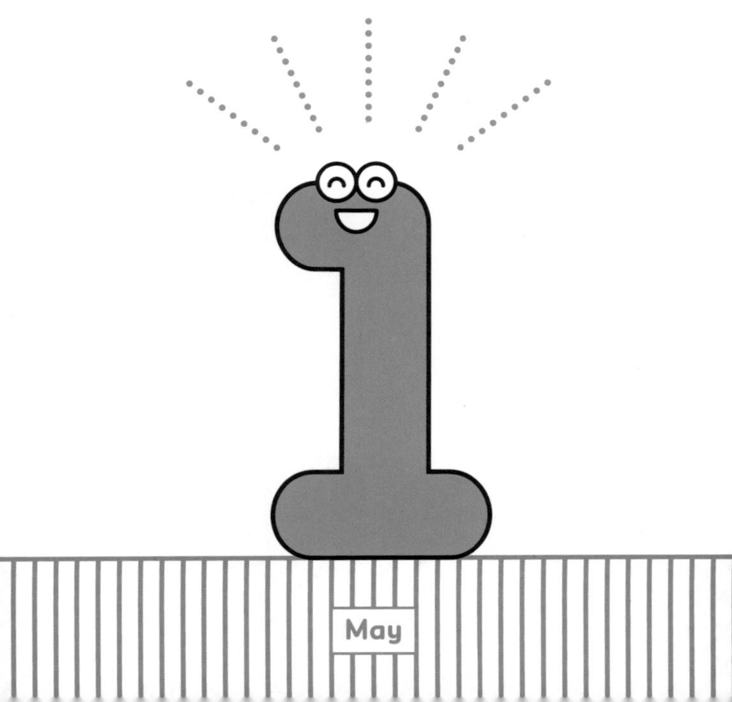

피터 드러커 Peter Drucker

하지 말아야 할 것을 효율적으로 하는 것보다 더 비생산적인 일은 없습니다.

Nothing is less productive than to make more efficient what should not be done at all.

August

윌리엄 윌버포스 William Wilberforce

어려움은 성취의 대가입니다.

Difficulties are the price of achievement.

May

드웨인 존슨 Dwayne Johnson

아침에 발이 바닥에 닿았을 때 악마가 “아, 젠장, 일어났어”라고 말하는 사람이 되십시오.

Be the person that when your feet touch the floor in the morning the devil says, “Awe sh*t, they’re up.”

August

알베르트 아인슈타인 Albert Einstein

나는 똑똑한 것이 아니라
단지 문제를 더 오래 연구할 뿐입니다.

It's not that I'm so smart,
it's just that I stay with problems longer.

May

아서 쇼펜하우어 Arthur Schopenhauer

늦게 일어나서 아침을 단축하지 말고,
아침을 신성한 것으로 여기세요.

Do not shorten the morning by getting up late,
look upon it as the quintessence of life,
as to a certain extent sacred.

August

클린트 이스트우드 Clint Eastwood

당신의 노력을 존중하세요. 당신 자신을 존중하세요. 자존감은 자제력을 낳습니다. 이 둘을 모두 갖는다면, 진정한 힘을 얻게 됩니다.

Respect your efforts, respect yourself.
Self-respect leads to self-discipline.
When you have both firmly under your belt, that's real power.

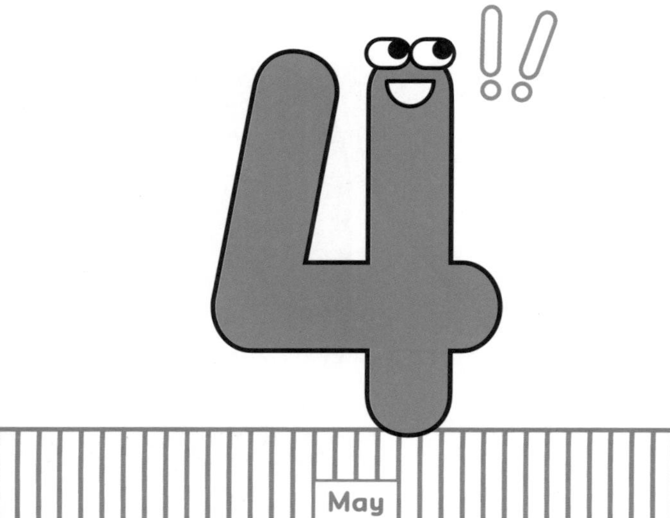

웨인 후이젠가 Wayne Huizenga

성공을 꿈꾸는 사람도 있고,
매일 아침 일어나서 성공하는 사람도 있습니다.

Some people dream of success, while other people get up every morning and make it happen.

August

펄 벅 Pearl Buck

무엇을 잘한다는 것은 그것을 즐긴다는 것입니다.

To know how to do something well is to enjoy it.

〈어린 왕자〉 Little Prince

사막이 아름다운 이유는
어딘가에 우물이 숨어 있기 때문이야.

What makes the desert beautiful is
that somewhere it hides a well.

August

프리츠 쿤켈 Fritz Kunkel

성숙하다는 것은 다가오는 모든 위기를 피하지 않고 마주하는 것을 의미합니다.

To be mature means to face, and not evade, every fresh crisis that comes.

May

토머스 아퀴나스 Thomas Aquinas

우리가 사랑하는 것들은
우리가 어떤 사람인지 말해 줍니다.

The things that we love tell us what we are.

August

캐롤 버넷 Carol Burnett

자신만이 자기 인생을 바꿀 수 있습니다.
아무도 대신해 줄 수 없어요.

Only I can change my life.
No one can do it for me.

윌리엄 앨런 화이트 William Allen White

나는 어제를 보았고 오늘을 사랑하기 때문에 내일이 두렵지 않습니다!

I am not afraid of tomorrow,
for I have seen yesterday and I love today!

August

벤 스타인 Ben Stein

인생에서 원하는 것을 얻기 위한 첫 번째 단계는 내가 무엇을 원하는지 결정하는 것입니다.

The first step to getting the things you want out of life is this. Decide what you want.

미겔 데 세르반테스 Miguel de Cervantes

불가능을 가능하게 하기 위해서는 어처구니없는 시도를 해야 합니다.

In order to attain the impossible, one must attempt the absurd.

August

〈죽은 시인의 사회〉 Dead Poets Society

카르페 디엠.
현재를 즐겨라. 빛나는 삶을 살아라.

Carpe Diem. Size the day, boys.
Make your lives extraordinary.

May

셀리아 덱스터 Celia Thaxter

감사하는 사람의 마음속은 영원한 여름이 계속됩니다.

There shall be Eternal summer in the grateful heart.

August

안나 프로이트 Anna Freud

나는 힘과 자신감을 찾아 항상 바깥으로 눈을 돌렸어요.
하지만 자신감은 내면에서 나오더군요.
자신감은 항상 그곳에 있어요.

I was always looking outside myself for strength and confidence. But it comes from within. It is there all the time.

스와미 시바난다 Swami Sivananda

**사소한 행동에도 마음과 정신, 영혼을 담으세요.
이것이 성공의 비결입니다.**

Put your heart, mind, and soul into even your smallest acts.
This is the secret of success.

발타사르 그라시안 Baltasar Gracian

**쉬운 일을 어려운 일처럼, 어려운 일을 쉬운 일처럼 대하세요.
전자는 자신감이 잠들지 않게,
후자는 자신감을 잃지 않게 하기 위함입니다.**

Attempt easy tasks as if they were difficult,
and difficult as if they were easy. In the one case
that confidence may not fall asleep,
in the other that it may not be dismayed.

오드리 헵번 Audrey Hepburn

불가능이란 단어 자체가 '나는 가능하다'(I'm possible)라고 말합니다!

Nothing is impossible,
the word itself says 'I'm possible'!

August

스티브 마라볼리 Steve Maraboli

어제를 놓아 주는 법을 알게 될 때,
오늘의 아름다운 여정을 시작할 수 있습니다.

The beautiful journey of today can only begin when we learn to let go of yesterday.

May

잭슨 브라운 주니어 Jackson Brown, Jr.

내일을 위한 최선의 준비는 오늘 최선을 다하는 것입니다.

The best preparation for tomorrow is doing your best today.

August

〈빨간머리 앤〉 Anne of Green Gables

행복해지는 진짜 비결을 알아냈어요. 바로 현재를 사는 거예요. 과거에 얽매여 평생을 후회하며 살거나 미래에 기대는 것이 아니라 지금, 이 순간 최대의 행복을 찾아내는 거죠!

I've figured out the real secret to happiness. Living in the moment. Not living in the past and regretting it for the rest of my life, or hoping for the future, but finding my greatest happiness in the here and now!

맥스 루카도 Max Lucado

마음을 바꾸면 인생이 바뀝니다.

You change your life by changing your heart.

August

다산 정약용

공부란 마음을 놓치지 않는 것입니다.
사람답게 살고자 묻고 배우는 길을 가는 것입니다.

Studying is about keeping your mind open.
It's about being human, asking questions and learning.

조지 크레인 George Crane

경직된 사고는 실패의 전조입니다. 그러니 항상 새로운 아이디어를 유연하게 받아들일 수 있어야 합니다.

Congealed thinking is the forerunner of failure.
Make sure you are always receptive to new ideas.

August

랄프 왈도 에머슨 Ralph Waldo Emerson

나 자신에 대한 자신감을 잃으면,
온 세상이 나의 적이 됩니다.

If I have lost confidence in myself,
I have the universe against me.

에밀 졸라 Emile Zola

이 세상에 무엇을 하러 왔냐고요?
난 소리 내어 살기 위해 왔어요.

If you ask me what I came into this life to do,
I will tell you. I came to live out loud.

중국 속담 Chinese Proverb

보석은 마찰 없이 연마될 수 없고,
인간은 시련 없이 완성될 수 없습니다.

The gem cannot be polished without friction,
nor man perfected without trials.

에스미 비앤코 Esme Bianco

위험을 감수하지 않고는
인생의 어느 곳에도 도착할 수 없습니다.

You can't get anywhere in life without taking risks.

August

비비안 그린 Vivian Greene

인생은 폭풍우가 지나가기를 기다리는 것이 아니라 비가 올 때 춤추는 법을 배우는 것입니다.

Life isn't about waiting for the storm to pass, it's about learning how to dance in the rain.

윌 허드 Will Hurd

인생은 어렵습니다. 인생은 힘들어요.
인생은 당신에게 펀치를 날릴 거고요. 하지만 태도를 바꾸면
행동이 바뀝니다. 행동이 바뀌면 결과도 바뀝니다.

Life is hard. Life is difficult.
Life is going to punch you in the gut. But when you change your attitude, you change your behavior.
When your behavior changes, so do your results.

August

작자 미상 Unknown

그만두고 싶을 때는 시작한 이유를 기억하세요.

When you feel like quitting, remember why you started.

케를리 Kerli

**여러분의 삶은 캔버스이고 여러분은 걸작품입니다.
친절하고, 놀랍고, 멋지고, 창의적이고, 대담하고,
흥미로운 사람이 될 수 있는 방법은 무수히 많습니다.**

Your life is your canvas, and you are the masterpiece.
There are a million ways to be kind, amazing,
fabulous, creative, bold, and interesting.

August

프랭클린 루스벨트 Franklin Roosevelt

우리가 두려워할 유일한 것은 두려움 자체입니다.

The only thing we have to fear is fear itself.

테쿰세 Tecumseh

아침에 일어나면 빛과 생명과 힘이 있다는 사실에 감사하세요.
음식과 삶의 기쁨에 대해 감사하세요.
감사할 이유가 보이지 않는다면 그 잘못은 자신에게 있습니다.

When you rise in the morning,
give thanks for the light, for your life, for your strength.
Give thanks for your food and for the joy of living.
If you see no reason to give thanks, the fault lies in yourself.

August

세네카 Seneca

때로는 살아가는 것조차 용기 있는 행동입니다.

Sometimes even to live is an act of courage.

미야자키 하야오 Hayao Miyazaki

무언가를 하기로 결정했을 때, 어려움에 대해 생각하지 마세요. 그 일을 아름답게 만드는 것에만 집중하세요.

When you decide to do something, don't think about the difficulty. Just focus on making it beautiful.

August

공자 Confucius

스스로를 존경하면
다른 사람도 당신을 존경할 것입니다.

Respect yourself and others will respect you.

아나이스 닌 Anais Nin

인생은 용기에 비례하여 축소되거나 확장됩니다.

Life shrinks or expands in proportion to one's courage.

August

벤자민 프랭클린 Benjamin Franklin

문제를 미리 예상하거나 걱정하지 마세요.
모든 일을 긍정적으로 생각하세요.

Do not anticipate trouble, or worry
about what may never happen. Keep in the sunlight.

토머스 에디슨 Thomas Edison

인생의 실패자 중 상당수는 성공에 얼마나 가까웠는지 깨닫지 못한 채 포기한 사람들입니다.

The way to develop self-confidence is to do the thing you fear and get a record of successful experiences behind you.

August

레스 브라운 Les Brown

인생이 당신을 넘어뜨릴 때, 등으로 떨어지려고 노력하세요. 왜냐하면 위를 볼 수 있다면 일어날 수 있기 때문입니다.

When life knocks you down, try to land on your back.
Because if you can look up, you can get up.

질 들뢰즈 Gilles Deleuze

다른 사람의 꿈에 갇혀 있다면, 당신은 망한 것입니다.

If you’re trapped in the dream of the Other, you’re fucked.

August

파블로 네루다 Pablo Neruda

꽃을 다 꺾을 수는 있어도
봄이 오는 것을 막을 수는 없습니다.

You can cut all the flowers
but you cannot keep Spring from coming.

베이브 루스 Babe Ruth

스트라이크를 당할 때마다 다음 홈런에 가까워집니다.

Every strike brings me closer to the next home run.

August

로버트 프로스트 Robert Frost

나는 인생에 대해 배운 모든 것을
세 마디로 요약할 수 있습니다. 내 삶은 계속된다.

In three words I can sum up everything
I've learned about life. It goes on.

스웨덴 속담 Swedish Proverb

걱정은 종종 작은 것에 큰 그림자를 만들어 놓습니다.

Worry often gives a small thing a big shadow.

August

테오도어 루스벨트 Theodore Roosevelt

할 수 있다고 믿으면, 이미 절반은 성공한 것입니다.

Believe you can and you're halfway there.

메리 앤 래드마허 Mary Anne Radmacher

**용기가 항상 으르렁거리는 것은 아닙니다.
때때로 용기는 하루를 마무리하며 '내일 다시 해 보자'
라고 말하는 조용한 목소리예요.**

Courage doesn't always roar. Sometimes courage is the quiet voice at the end of the day saying, 'I will try again tomorrow.'

August

블레이크 라이블리 Blake Lively

당신이 입을 수 있는
가장 아름다운 옷은 자신감입니다.

The most beautiful thing you can wear is confidence.

아리스토텔레스 Aristotle

비판을 피하려면 아무 말도 하지 말고,
아무것도 하지 말고, 아무것도 되지 마십시오.

To avoid criticism say nothing,
do nothing, be nothing.

August

헨리 포드 Henry Ford

사람이 할 수 있는 가장 위대하고 놀라운 발견 중 하나는 자신이 두려워했던 일을 결국 해낼 수 있다는 사실을 발견하는 것입니다.

One of the greatest discoveries a man makes, one of his great surprises, is to find he can do what he was afraid he couldn't do.

시드니 해리스 Sydney Harris

행복은 위치가 아니라 방향입니다.

Happiness is a direction, not a place.

August

〈명심보감〉

한 가지 일을 경험하지 않으면 한 가지 지혜가 자라지 않는다.

If you don't experience one thing, you don't grow in wisdom.

윌리엄 제닝스 브라이언 William Jennings Bryan

자신감을 키우는 방법은 두려워하는 일을 해 보고 성공 경험을 쌓아 나가는 것입니다.

The way to develop self-confidence is to do the thing you fear and get a record of successful experiences behind you.

August

토머스 카라일 Thomas Carlyle

역경은 하늘이 보석을 연마하는 데 사용하는 다이아몬드 먼지입니다.

Adversity is the diamond dust Heaven polishes its jewels with.

August

자신을 존중하자

알베르트 아인슈타인 Albert Einstein

사람의 가치는 그가 받을 수 있는 것이 아니라 그가 주는 것에 있습니다.

The value of a man resides in what he gives and not in what he is capable of receiving.

이그나치 얀 파데레프스키 Ignacy Jan Paderewski

하루 연습을 안 하면 나 자신이 알아챕니다.
이틀 연습을 안 하면 비평가들이 알아챕니다.
사흘 연습을 안 하면 관객들이 알아챕니다.

If I miss one day of practice, I notice it.
If I miss two days, the critics notice it.
If I miss three days, the audience notices it.

July

June

목표를 세우자

에이미 개틀리프 Amy Gatliff

때때로 가장 위대한 믿음의 행동은 그냥 일어나서 또 다른 하루를 맞이하는 것입니다.

The greatest act of faith some days is to simply get up and face another day.

July

데일 카네기 Dale Carneigie

자신이 하는 일에
재미를 느끼지 못하는 사람은 성공하기 어렵습니다.

People rarely succeed unless they have fun in
what they are doing.

부커 워싱턴 Booker Washington

성공은 인생에서 도달한 위치가 아니라 극복한 장애물로 측정되어야 합니다.

Success is to be measured not so much by the position that one has reached in life as by the obstacles which he has overcome.

July

벤자민 프랭클린 Benjamin Franklin

사랑받고 싶다면 사랑하세요.
그리고 사랑스럽게 행동하세요.

If you would be loved, love and be lovable.

June

아티쿠스 Atticus

행복한 영혼은 잔인한 세상에 대항하는 최고의 방패입니다.

A happy soul is the best shield for a cruel world.

July

다산 정약용

아는 자는 반드시 실천하며
실천하고 있다면 이미 알고 있는 것입니다.

The one who knows must always practice,
and if you are practicing, you already know.

June

엘리우드 킵초게 Eliud Kipchoge

인생에서 훈련된 사람만이 자유롭습니다.
훈련되지 않은 사람은 기분과 열정의 노예가 됩니다.

Only the disciplined ones in life are free.
If you are undisciplined, you are a slave to
your moods and your passions.

July

빈스 롬바르디 Vince Lombardi

우리가 어떤 존재인지는 우리가 가지고 있는 것으로 무엇을 하는가에 달려 있습니다.

The measure of who we are is
what we do with what we have.

June

알프레드 아들러 Alfred Adler

당신이 경험한 것은 지구상의 어떤 힘도 빼앗아갈 수 없습니다.

What you have experienced, no power on earth can take from you.

July

피터 매킨타이어 Peter Mcintyre

자신감이란 항상 옳은 일을 할 수 있다는 것을 의미하는 것이 아니라 자신이 틀릴 수 있음을 두려워하지 않는 것입니다.

Confidence comes not from always being right, but from not fearing to be wrong.

June

빈센트 반 고흐 Vincent Van Gogh

도전할 용기가 없다면 우리 인생은 어떻게 될까요?

What would life be if we had no courage
to attempt anything?

July

존 뮤어 John Muir

상상력의 힘은 우리를 무한하게 만듭니다.

The power of imagination makes us infinite.

June

마이클 조던 Michael Jordan

실패는 용납할 수 있습니다.
하지만 시도하지 않는 것은 용납할 수 없습니다.

I can accept failure, everyone fails at something.
But I can't accept not trying.

July

윌리엄 맥레이븐 William McRaven

세상을 바꾸고 싶다면, 침대 정리부터 시작하세요.

If you want to change the world,
start off by making your bed.

토머스 에디슨 Thomas Edison

우리의 가장 큰 약점은 포기하는 것입니다.
성공하는 가장 확실한 방법은
한 번만 더 시도하는 것입니다.

Our greatest weakness lies in giving up.
The most certain way to succeed is
always to try just one more time.

July

랄프 왈도 에머슨 Ralph Waldo Emerson

매일매일이 일 년 중 최고의 날이라는 다짐을 마음에 새겨 보세요.

Write it on your heart that every day is the best day in the year.

June

〈헤라클레스〉 Hercules

진정한 영웅이 되는 것은 힘의 크기가 아니라
마음의 힘으로 결정되지.

Being a true hero isn't about the size of your strength,
it's about the strength of your heart.

July

아리스토텔레스 Aristotle

자신을 아는 것이 모든 지혜의 시작입니다.

Knowing yourself is the beginning of all wisdom.

June

빅토르 위고 Victor Hugo

가장 어두운 밤이 지나면 해가 떠오를 거예요.

Even the darkest night will end and the sun will rise.

July

로이 스미스 Roy Smith

훈련은 재능을 능력으로 만드는 연단의 불입니다.

Discipline is the refining fire
by which talent becomes ability.

샬롯 브론테 Charlotte Bronte

미움을 키우거나 잘못을 기록하는 데 시간을 보내기에는 인생이 너무 짧아요.

Life appears to me too short to be spent in nursing animosity, or registering wrongs.

July

에리히 프롬 Erich Fromm

스스로에게 충실한 사람만이 다른 사람들에게 충실할 수 있습니다.

Only the person who has faith in himself is able to be faithful to others.

June

웨인 다이어 Wayne Dyer

좋아하는 일을 하는 것이야말로
인생의 풍요로움을 누리는 초석입니다.

Doing what you love is the cornerstone
of having abundance in your life.

July

윈스턴 처칠 Winston Churchill

비관론자는 모든 기회에서 어려움을 찾아내고,
낙관론자는 모든 어려움에서 기회를 찾아냅니다.

A pessimist sees the difficulty in every opportunity,
an optimist sees the opportunity in every difficulty.

June

헨리 포드 Henry Ford

잘못을 찾지 말고 해결책을 찾으세요.

Don’t find fault, find a remedy.

알베르트 아인슈타인 Albert Einstein

한 번도 실수를 하지 않은 사람은 새로운 것을 시도한 적이 없는 사람입니다.

A person who never made a mistake never tried anything new.

June

세네카 Seneca

우리가 미루는 동안 인생은 빠르게 흘러갑니다.

While we are postponing, life speeds by.

July

요한 볼프강 폰 괴테 Johann Wolfgang von Goethe

즐길 수 있을 때 즐기고,
견뎌 내야만 할 때는 견뎌 내십시오.

Enjoy when you can, and endure when you must.

알베르트 아인슈타인 Albert Einstein

성공한 사람이 되기보다는 가치 있는 사람이 되려고 하십시오.

Try not to become a man of success, but rather try to become a man of value.

July

벤자민 프랭클린 Benjamin Franklin

일찍 자고 일찍 일어나는 것은 사람을 건강하게 하고, 부자로 만들고, 현명하게 해 줍니다.

Early to bed and early to rise makes a man healthy, wealthy, and wise.

폴 부르제 Paul Bourget

생각하는 대로 살지 않으면 사는 대로 생각하게 됩니다.

One must live the way one thinks or
end up thinking the way one has lived.

July

공자 confucius

아는 것을 안다 하고, 모르는 것을 모른다 하는 것이 참으로 아는 것입니다.

When you know a thing, to hold that you know it
and when you do not know a thing,
to allow that you do not know it–this is knowledge.

랄프 왈도 에머슨 Ralph Waldo Emerson

중요한 것은 삶의 길이가 아니라 삶의 깊이입니다.

It is not length of life, but depth of life.

July

헬렌 켈러 Hellen Keller

내가 찾는 것은 저 밖이 아니라 내 안에 있습니다.

What I'm looking for is not out there, it is in me.

〈니모를 찾아서〉 Finding Nemo

삶이 힘들다고 느껴지면, 그냥 계속 헤엄쳐.

When life feels hard, just keep swimming.

July

파울로 코엘료 Paulo Coehlo

가야 할 길을 찾았다면,
절대로 두려워해서는 안 됩니다.

When you find your path, you must not be afraid.

크리스 그로서 Chris Grosser

기회는 우연히 찾아오는 것이 아니라
스스로 만드는 것입니다.

Opportunities don't happen, you create them.

July

패트릭 네스 Patrick Ness

인생은 말로 쓰는 것이 아니라 행동으로 써야 합니다.
생각하는 것은 중요하지 않습니다.
오직 무엇을 하느냐가 중요합니다.

You do not write your life with words.
You write it with actions. What you think is not important.
It is only important what you do.

June

소크라테스 Socrates

지혜는 궁금해하는 것으로부터 시작됩니다.

Wisdom begins in wonder.

July

코난 오브라이언 Conan O'Brien

열심히 일하고, 친절해진다면
놀라운 일이 생길 거예요.

Work hard, be kind, and amazing things will happen.

레스 브라운 Les Brown

하루는 1,440분으로 이루어져 있습니다.
즉, 긍정적인 기회가 매일 1,440번 있다는 뜻입니다.

In every day, there are 1,440 minutes.
That means we have 1,440 daily opportunities
to make a positive impact.

July

로저 밥슨 Roger Babson

성공은 꿈을 실현하기 위해 항상 깨어 있는 사람을 선택합니다.

It takes a person who is wide awake to make his dream come true.

June

헬렌 켈러 Hellen Keller

세상은 고통으로 가득하지만,
이를 극복하는 일로도 가득 차 있습니다.

Although the world is full of suffering,
it is also full of the overcoming of it.

July

윌리엄 워즈워드 William Wordsworth

시작하려면 시작하십시오.

To begin, begin.

프랭크 시나트라 Frank Sinatra

가장 큰 복수는 크게 성공하는 것입니다.

The best revenge is massive success.

July

작자 미상 Unknown

자신감을 들이마시세요. 불신을 내쉬세요.

Inhale confidence. Exhale doubt.

루 홀츠 Lou Holtz

능력은 당신이 할 수 있는 것입니다.
동기는 당신이 무슨 일을 할지를 결정합니다.
태도는 그 일을 얼마나 잘 해낼지를 결정합니다.

Ability is what you're capable of doing.
Motivation determines what you do.
Attitude determines how well you do it.

July

브라이언 트레이시 Brain Tracy

성공한 사람들은 언제나 남을 도울 방법을 찾습니다. 루저들은 항상 '그래서 나한테 뭘 줄 겁니까?'라고 묻고요.

Successful people are always looking for opportunities to help others. Unsuccessful people are always asking, 'What's in it for me?'

지그 지글러 Zig Ziglar

인생의 상황은 마음대로 바꿀 수 없지만, 그 상황에 맞게 태도를 바꿀 수는 있어요.

You cannot tailor-make the situations in life
but you can tailor-make the attitudes to fit those situations.

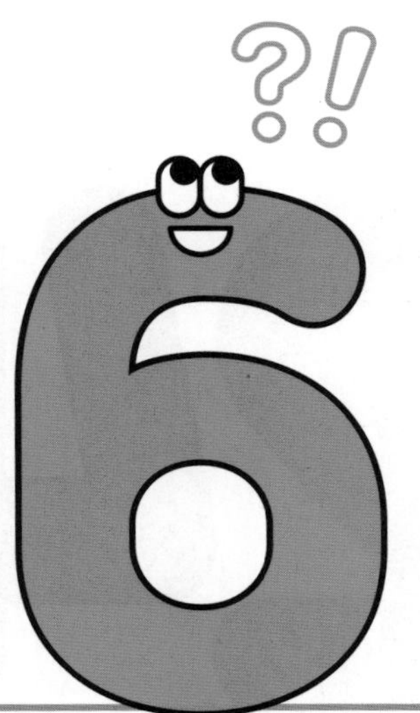

July

인디언 속담 Indian Proverb

당신이 태어났을 때, 당신은 울고 세상은 기뻐했습니다.
당신이 죽을 때, 세상은 울고 당신은 기뻐하도록
당신의 삶을 사세요.

When you were born, you cried and the world rejoiced.
Live your life so that when you die,
the world cries and you rejoice.

엘리너 루스벨트 Eleanor Roosevelt

두려움을 정면으로 마주하는 모든 경험을 통해 힘과 용기, 자신감을 얻을 수 있습니다.

You gain strength, courage, and confidence by every experience in which you really stop to look fear in the face.

5

July

탈무드 Talmud

‘여유가 생기면 공부할 거야’라고 말하지 마세요.
여유가 없을 수도 있으니까요.

Say not ‘When I have leisure I will study’,
because you may never have leisure.

마크 트웨인 Mark Twain

읽지 않는 사람은 읽을 수 없는 사람과 다른 점이 없습니다.

The man who does not read has no advantage over the man who cannot read.

July

랄프 왈도 에머슨 Ralph Waldo Emerson

우리 존재의 목적은 세계를 변화시키는 것이 아니라 우리 자신을 변화시키는 것입니다.

The purpose of our existence is not to change the world, but to change ourselves.

조셉 케네디 Joseph Kennedy

일이 힘들어질 때,
강인한 사람들은 움직이기 시작합니다.

When the going gets tough, the tough get going.

July

마하트마 간디 Mahatma Gandhi

내일 죽을 것처럼 살고,
평생 산다고 생각하고 배우십시오.

Live as if you were to die tomorrow.
Learn as if you were to live forever.

짐 론 Jim Rohn

행복은 미래를 위해 미루는 것이 아닙니다.
현재를 위해 설계하는 것입니다.

Happiness is not something you postpone for the future.
It is something you design for the present.

July

칼 세이건 Carl Sagan

우리 같은 작은 존재들이 이 거대한 우주에서 견뎌 낼 수 있는 원동력은 오로지 사랑입니다.

For small creatures such as we the vastness is bearable only through love.

June

랄프 왈도 에머슨 Waldo Emerson

**길이 있는 곳을 따라가지 마세요.
대신 길이 없는 곳으로 가서 흔적을 남기세요.**

Do not follow where the path may lead.
Go, instead, where there is no path and leave a trail.

July

랄프 마스턴 Ralph Marston

**행복은 선택이며 결과가 아닙니다.
당신이 행복을 선택하지 않으면
아무것도 당신을 행복하게 하지 못합니다.**

Happiness is a choice, not a result.
Nothing will make you happy
until you choose to be happy.

July
7
용감해지자